PREFACIO

La colección de guías de conversación para viajar "Todo irá bien" publicada por T&P Books está diseñada para personas que viajan al extranjero para turismo y negocios. Las guías contienen lo más importante - los elementos esenciales para una comunicación básica.Éste es un conjunto de frases imprescindibles para "sobrevivir" mientras está en el extranjero.

Esta guía de conversación le ayudará en la mayoría de los casos donde usted necesite pedir algo, conseguir direcciones, saber cuánto cuesta algo, etc. Puede también resolver situaciones difíciles de la comunicación donde los gestos no pueden ayudar.

Este libro contiene muchas frases que han sido agrupadas según los temas más relevantes.También encontrará un mini diccionario con palabras útiles - números, hora, calendario, colores…

Llévese la guía de conversación "Todo irá bien" en el camino y tendrá una insustituible compañera de viaje que le ayudará a salir de cualquier situación y le enseñará a no temer hablar con extranjeros.

TABLA DE CONTENIDOS

T&P Books Publishing

Colección de guías de conversación
"¡Todo irá bien!"

T&P Books Publishing

GUÍA DE CONVERSACIÓN

GRIEGO

LAS PALABRAS Y LAS FRASES MÁS ÚTILES

Esta Guía de Conversación contiene las frases y las preguntas más comunes necesitadas para una comunicación básica con extranjeros

Andrey Taranov

T&P BOOKS

Guía de conversación + diccionario de 250 palabras

Guía de conversación Español-Griego y mini diccionario de 250 palabras

por Andrey Taranov

La colección de guías de conversación para viajar "Todo irá bien" publicada por T&P Books está diseñada para personas que viajan al extranjero para turismo y negocios. Las guías contienen lo más importante - los elementos esenciales para una comunicación básica. Éste es un conjunto de frases imprescindibles para "sobrevivir" mientras está en el extranjero.

También encontrará un mini diccionario con 250 palabras útiles necesarias para la comunicación diaria - los nombres de los meses y de los días de la semana, medidas, miembros de la familia, y más.

T&P Books Publishing
www.tpbooks.com

ISBN: 978-1-78492-625-0

Este libro está disponible en formato electrónico o de E-Book también.
Visite www.tpbooks.com o las librerías electrónicas más destacadas en la Red.

PRONUNCIACIÓN

T&P alfabeto fonético	Ejemplo griego	Ejemplo español
[a]	αγαπάω [aɣapáo]	radio
[e]	έπαινος [épenos]	verano
[i]	φυσικός [fisikós]	ilegal
[o]	οθόνη [οθóni]	bordado
[u]	βουτάω [vutáo]	mundo
[b]	καμπάνα [kabána]	en barco
[d]	ντετέκτιβ [detéktiv]	desierto
[f]	ράμφος [rámfos]	golf
[g]	γκολφ [golˈf]	jugada
[ɣ]	γραβάτα [ɣraváta]	amigo, magnífico
[j]	μπάιτ [bájt]	asiento
[ʝ]	Αίγυπτος [éʝiptos]	asiento
[k]	ακόντιο [akóndio]	charco
[lʲ]	αλάτι [alʲáti]	lágrima
[m]	μάγος [máɣos]	nombre
[n]	ασανσέρ [asansér]	número
[p]	βλέπω [vlépo]	precio
[r]	ρόμβος [rómvos]	era, alfombra
[s]	σαλάτα [salʲáta]	salva
[ð]	πόδι [póði]	alud
[θ]	λάθος [lʲáθos]	pinzas
[t]	κινητό [kinitó]	torre
[ʧ]	check-in [ʧek-in]	mapache
[v]	βραχιόλι [vraxióli]	travieso
[x]	νύχτα [níxta]	reloj
[w]	ουίσκι [wíski]	acuerdo
[z]	κουζίνα [kuzína]	desde
[']	έξι [éksi]	acento primario

5

LISTA DE ABREVIATURAS

Abreviatura en español

adj	-	adjetivo
adv	-	adverbio
anim.	-	animado
conj	-	conjunción
etc.	-	etcétera
f	-	sustantivo femenino
f pl	-	femenino plural
fam.	-	uso familiar
fem.	-	femenino
form.	-	uso formal
inanim.	-	inanimado
innum.	-	innumerable
m	-	sustantivo masculino
m pl	-	masculino plural
m, f	-	masculino, femenino
masc.	-	masculino
mat	-	matemáticas
mil.	-	militar
num.	-	numerable
p.ej.	-	por ejemplo
pl	-	plural
pron	-	pronombre
sg	-	singular
v aux	-	verbo auxiliar
vi	-	verbo intransitivo
vi, vt	-	verbo intransitivo, verbo transitivo
vr	-	verbo reflexivo
vt	-	verbo transitivo

Abreviatura en griego

αρ.	-	sustantivo masculino
αρ.πλ.	-	masculino plural
αρ./θηλ.	-	masculino, femenino
θηλ.	-	sustantivo femenino
θηλ.πλ.	-	femenino plural

ουδ.	-	neutro
ουδ.πλ.	-	género neutro plural
πλ.	-	plural

T&P BOOKS

GUÍA DE CONVERSACIÓN GRIEGO

Esta sección contiene frases importantes que pueden resultar útiles en varias situaciones de la vida real. La Guía le ayudará a pedir direcciones, aclaración sobre precio, comprar billetes, y pedir alimentos en un restaurante

T&P Books Publishing

CONTENIDO DE LA GUÍA DE CONVERSACIÓN

T&P Books Publishing

Lo más imprescindible

Perdone, ...	**Συγνώμη, ...** [siɣnómi, ...]
Hola.	**Γεια σας.** [ja sas]
Gracias.	**Ευχαριστώ.** [efxaristó]

Sí.	**Ναι.** [ne]
No.	**Όχι.** [óxi]
No lo sé.	**Δεν ξέρω.** [ðen kséro]
¿Dónde? | ¿A dónde? | ¿Cuándo?	**Πού; | Προς τα πού; | Πότε;** [pú? | pros ta pú? | póte?]

Necesito ...	**Χρειάζομαι ...** [xriázome ...]
Quiero ...	**Θέλω ...** [θéljo ...]
¿Tiene ...?	**Έχετε ...;** [éxete ...?]
¿Hay ... por aquí?	**Μήπως υπάρχει ... εδώ;** [mípos ipárxi ... eðó?]
¿Puedo ...?	**Θα μπορούσα να ...;** [θa borúsa na ...?]
..., por favor? (petición educada)	**..., παρακαλώ** [..., parakaljó]

Busco ...	**Ψάχνω για ...** [psáxno ja ...]
el servicio	**τουαλέτα** [tualéta]
un cajero automático	**ATM** [eitiém]
una farmacia	**φαρμακείο** [farmakío]
el hospital	**νοσοκομείο** [nosokomío]

la comisaría	**αστυνομικό τμήμα** [astinomikó tmíma]
el metro	**μετρό** [metró]

un taxi	ταξί [taksí]
la estación de tren	σιδηροδρομικό σταθμό [siðiroðromikó staθmó]

Me llamo …	Ονομάζομαι … [onomázome …]
¿Cómo se llama?	Πώς ονομάζεστε; [pós onomázeste?]
¿Puede ayudarme, por favor?	Μπορείτε παρακαλώ να με βοηθήσετε; [boríte parakalió na me voiθísete?]
Tengo un problema.	Έχω ένα πρόβλημα. [éxo éna próvlima]
Me encuentro mal.	Δεν αισθάνομαι καλά. [ðen esθánome kalió]
¡Llame a una ambulancia!	Καλέστε ένα ασθενοφόρο! [kaléste éna asθenofóro!]
¿Puedo llamar, por favor?	Θα μπορούσα να κάνω ένα τηλέφωνο; [θa borúsa na káno éna tiléfono?]

Lo siento.	Συγνώμη. [siɣnómi]
De nada.	Παρακαλώ! [parakalió!]

Yo	Εγώ, εμένα [eɣó, eména]
tú	εσύ [esí]
él	αυτός [aftós]
ella	αυτή [aftí]
ellos	αυτοί [aftí]
ellas	αυτές [aftés]
nosotros /nosotras/	εμείς [emís]
ustedes, vosotros	εσείς [esís]
usted	εσείς [esís]

ENTRADA	ΕΙΣΟΔΟΣ [ísoðos]
SALIDA	ΕΞΟΔΟΣ [éksoðos]

FUERA DE SERVICIO	**ΕΚΤΟΣ ΛΕΙΤΟΥΡΓΙΑΣ** [éktos liturjías]
CERRADO	**ΚΛΕΙΣΤΟ** [klísto]
ABIERTO	**ΑΝΟΙΚΤΟ** [aníkto]
PARA SEÑORAS	**ΓΥΝΑΙΚΩΝ** [jinekón]
PARA CABALLEROS	**ΑΝΔΡΩΝ** [ánðron]

Preguntas

¿Dónde?	**Πού;** [pú?]
¿A dónde?	**Προς τα πού;** [pros ta pú?]
¿De dónde?	**Από πού;** [apó pú?]
¿Por qué?	**Γιατί;** [jatí?]
¿Con que razón?	**Για ποιο λόγο;** [ja pio lógo?]
¿Cuándo?	**Πότε;** [póte?]

¿Cuánto tiempo?	**Πόσο χρόνο χρειάζεται;** [póso xróno xriázete?]
¿A qué hora?	**Τι ώρα;** [ti óra?]
¿Cuánto?	**Πόσο κάνει;** [póso káni?]
¿Tiene ...?	**Μήπως έχετε ...;** [mípos éxete ...?]
¿Dónde está ...?	**Πού είναι ...;** [pú íne ...?]

¿Qué hora es?	**Τι ώρα είναι;** [ti óra íne?]
¿Puedo llamar, por favor?	**Θα μπορούσα να κάνω ένα τηλέφωνο;** [θa borúsa na káno éna tiléfono?]
¿Quién es?	**Ποιος είναι;** [pios íne?]
¿Se puede fumar aquí?	**Μπορώ να καπνίσω εδώ;** [boró na kapníso eðó?]
¿Puedo ...?	**Θα μπορούσα να ...;** [θa borúsa na ...?]

Necesidades

Quisiera …	**Θα ήθελα …** [θa íθelˈa …]
No quiero …	**Δεν θέλω …** [ðen θélˈo …]
Tengo sed.	**Διψάω.** [ðipsáo]
Tengo sueño.	**Θέλω να κοιμηθώ.** [θélˈo na kemiθó]

Quiero …	**Θέλω …** [θélˈo …]
lavarme	**να πλυθώ** [na plíθó]
cepillarme los dientes	**να πλύνω τα δόντια μου** [na plíno ta ðóndia mu]
descansar un momento	**να ξεκουραστώ λίγο** [na ksekurastó líγo]
cambiarme de ropa	**να αλλάξω ρούχα** [na alˈákso rúxa]

volver al hotel	**να επιστρέψω στο ξενοδοχείο** [na epistrépso sto ksenoðoxío]
comprar …	**να αγοράσω …** [na aγoráso …]
ir a …	**να πάω στο …** [na páo sto …]
visitar …	**να επισκεφτώ …** [na episkeftó …]
quedar con …	**να συναντηθώ με …** [na sinandiθó me …]
hacer una llamada	**να τηλεφωνήσω** [na tilefoníso]

Estoy cansado /cansada/.	**Είμαι κουρασμένος /κουρασμένη/.** [íme kurazménos /kurazméni/]
Estamos cansados /cansadas/.	**Είμαστε κουρασμένοι.** [ímaste kurazméni]
Tengo frío.	**Κρυώνω.** [krióno]
Tengo calor.	**Ζεσταίνομαι.** [zesténome]
Estoy bien.	**Είμαι καλά.** [íme kalˈá]

Tengo que hacer una llamada.	**Πρέπει να κάνω ένα τηλέφωνο.** [prépi na káno éna tiléfono]
Necesito ir al servicio.	**Πρέπει να πάω στην τουαλέτα.** [prépi na páo sten tualéta]
Me tengo que ir.	**Πρέπει να φύγω.** [prépi na fíγo]
Me tengo que ir ahora.	**Πρέπει να φύγω τώρα.** [prépi na fíγo tóra]

Preguntar por direcciones

Perdone, ...	Συγνώμη, ... [siɣnómi, ...]
¿Dónde está ...?	Πού είναι ...; [pú íne ...?]
¿Por dónde está ...?	Από ποιο δρόμο είναι ...; [apó pio ðrómo íne ...?]
¿Puede ayudarme, por favor?	Θα μπορούσατε να με βοηθήσετε παρακαλώ; [θa borúsate na me voiθísete parakaló?]

Busco ...	Ψάχνω για ... [psáxno ja ...]
Busco la salida.	Ψάχνω για την έξοδο. [psáxno ja tin éksoðo]
Voy a ...	Πηγαίνω στ ... [pijéno st ...]
¿Voy bien por aquí para ...?	Πηγαίνω σωστά από εδώ για ...; [pijéno sostá apó eðó ja ...?]

¿Está lejos?	Είναι μακριά από εδώ; [íne makriá apó eðó?]
¿Puedo llegar a pie?	Μπορώ να πάω εκεί με τα πόδια; [boró na páo ekí me ta pódia?]
¿Puede mostrarme en el mapa?	Μπορείτε να μου δείξετε στο χάρτη; [boríte na mu ðíksete sto xárti?]
Por favor muestreme dónde estamos.	Δείξετε μου που βρισκόμαστε αυτή τη στιγμή. [ðíksete mu pu vriskómaste aftí ti stiɣmí]

Aquí	Εδώ [eðó]
Allí	Εκεί [ekí]
Por aquí	Από εδώ [apó eðó]

Gire a la derecha.	Στρίψτε δεξιά. [strípste ðeksiá]
Gire a la izquierda.	Στρίψτε αριστερά. [strípste aristerá]
la primera (segunda, tercera) calle	πρώτος (δεύτερος, τρίτος) δρόμος [prótos (ðéfteros, trítos) ðrómos]

a la derecha

δεξιά
[ðeksiá]

a la izquierda

αριστερά
[aristerá]

Siga recto.

Πηγαίνετε όλο ευθεία.
[pijénete ól'o efθía]

Carteles

¡BIENVENIDO!	**ΚΑΛΩΣ ΗΡΘΑΤΕ!** [kalʲós írθate!]
ENTRADA	**ΕΙΣΟΔΟΣ** [ísoðos]
SALIDA	**ΕΞΟΔΟΣ** [éksoðos]

EMPUJAR	**ΩΘΗΣΑΤΕ** [oθísate]
TIRAR	**ΕΛΞΑΤΕ** [élʲksate]
ABIERTO	**ΑΝΟΙΚΤΟ** [aníkto]
CERRADO	**ΚΛΕΙΣΤΟ** [klísto]

PARA SEÑORAS	**ΓΥΝΑΙΚΩΝ** [ʝinekón]
PARA CABALLEROS	**ΑΝΔΡΩΝ** [ánðron]
CABALLEROS	**ΚΥΡΙΟΙ** [kíri]
SEÑORAS	**ΚΥΡΙΕΣ** [kíries]

REBAJAS	**ΕΚΠΤΩΣΕΙΣ** [ekptósis]
VENTA	**ΞΕΠΟΥΛΗΜΑ** [ksepúlima]
GRATIS	**ΔΩΡΕΑΝ** [ðoreán]
¡NUEVO!	**ΝΕΟ!** [néo!]
ATENCIÓN	**ΠΡΟΣΟΧΗ!** [prosoxí!]

COMPLETO	**ΔΕΝ ΥΠΑΡΧΟΥΝ ΚΕΝΑ ΔΩΜΑΤΙΑ** [ðen ipárxun kená ðomátia]
RESERVADO	**ΡΕΖΕΡΒΕ** [rezervé]
ADMINISTRACIÓN	**ΔΙΕΥΘΥΝΤΗΣ** [ðiéfθindis]
SÓLO PERSONAL AUTORIZADO	**ΜΟΝΟ ΓΙΑ ΤΟ ΠΡΟΣΩΠΙΚΟ** [móno ʝa to prosópiko]

CUIDADO CON EL PERRO	**ΠΡΟΣΟΧΗ ΣΚΥΛΟΣ** [prosoxí skílⁱos]
NO FUMAR	**ΑΠΑΓΟΡΕΥΕΤΑΙ ΤΟ ΚΑΠΝΙΣΜΑ** [apaγorévete to kápnizma]
NO TOCAR	**ΜΗΝ ΑΓΓΙΖΕΤΕ!** [min angízete!]

PELIGROSO	**ΕΠΙΚΙΝΔΥΝΟ** [epikínðino]
PELIGRO	**ΚΙΝΔΥΝΟΣ** [kínðinos]
ALTA TENSIÓN	**ΥΨΗΛΗ ΤΑΣΗ** [ípseli tási]
PROHIBIDO BAÑARSE	**ΑΠΑΓΟΡΕΥΕΤΑΙ ΤΟ ΚΟΛΥΜΠΙ** [apaγorévete to kolíbi]

FUERA DE SERVICIO	**ΕΚΤΟΣ ΛΕΙΤΟΥΡΓΙΑΣ** [éktos liturɟías]
INFLAMABLE	**ΕΥΦΛΕΚΤΟ** [éflekto]
PROHIBIDO	**ΑΠΑΓΟΡΕΥΕΤΑΙ** [apaγorévete]
PROHIBIDO EL PASO	**ΑΠΑΓΟΡΕΥΕΤΑΙ Η ΕΙΣΟΔΟΣ** [apaγorévete i ísoðos]
RECIÉN PINTADO	**ΦΡΕΣΚΟΒΑΜΜΕΝΟ** [frésko vaméno]

CERRADO POR RENOVACIÓN	**ΚΛΕΙΣΤΟ ΛΟΓΩ ΕΡΓΑΣΙΩΝ** [klísto lⁱóγo erγásion]
EN OBRAS	**ΕΡΓΑ ΕΝ ΟΨΕΙ** [érγa en ópsi]
DESVÍO	**ΠΑΡΑΚΑΜΨΗ** [parákampsi]

Transporte. Frases generales

el avión	**αεροπλάνο** [aeropláno]
el tren	**τρένο** [tréno]
el bus	**λεωφορείο** [leoforío]
el ferry	**φέρι μποτ** [féri bot]
el taxi	**ταξί** [taksí]
el coche	**αυτοκίνητο** [aftokínito]

el horario	**δρομολόγιο** [ðromoḷójo]
¿Dónde puedo ver el horario?	**Πού μπορώ να δω το δρομολόγιο;** [pú boró na ðo to ðromoḷójo?]
días laborables	**εργάσιμες ημέρες** [erɣásimes iméres]
fines de semana	**Σαββατοκύριακα** [savatokíriaka]
días festivos	**διακοπές** [ðiakopés]

SALIDA	**ΑΝΑΧΩΡΗΣΗ** [anaxórisi]
LLEGADA	**ΑΦΙΞΗ** [áfiksi]
RETRASADO	**ΚΑΘΥΣΤΕΡΗΣΗ** [kaθistérisi]
CANCELADO	**ΑΚΥΡΩΣΗ** [akírosi]

siguiente (tren, etc.)	**επόμενο** [epómeno]
primero	**πρώτο** [próto]
último	**τελευταίο** [teleftéo]

¿Cuándo pasa el siguiente ...?	**Πότε είναι το επόμενο ...;** [póte íne to epómeno ...?]
¿Cuándo pasa el primer ...?	**Πότε είναι το πρώτο ...;** [póte íne to próto ...?]

¿Cuándo pasa el último ...?

Πότε είναι το τελευταίο ...;
[póte íne to teleftéo ...?]

el trasbordo (cambio de trenes, etc.)

ανταπόκριση
[andapókrisi]

hacer un trasbordo

αλλάζω
[al'ázo]

¿Tengo que hacer un trasbordo?

χρειάζεται να αλλάζω;
[xriázete na al'ázo?]

Comprar billetes

¿Dónde puedo comprar un billete?	Πού μπορώ να αγοράσω εισιτήριο; [pú boró na aγoráso isitírio?]
el billete	εισιτήριο [isitírio]
comprar un billete	αγοράζω εισιτήριο [aγorázo isitírio]
precio del billete	τιμή εισιτηρίου [timí isitiríu]

¿Para dónde?	Για πού; [ja pú?]
¿A qué estación?	Σε ποια στάση; [se pia stási?]
Necesito ...	Χρειάζομαι ... [xriázome ...]
un billete	ένα εισιτήριο [éna isitírio]
dos billetes	δύο εισιτήρια [ðío isitíria]
tres billetes	τρία εισιτήρια [tría isitíria]

sólo ida	απλή μετάβαση [aplí metávasi]
ida y vuelta	μετ' επιστροφής [met epistrofís]
en primera (primera clase)	πρώτη θέση [próti θési]
en segunda (segunda clase)	δεύτερη θέση [ðéfteri θési]

hoy	σήμερα [símera]
mañana	αύριο [ávrio]
pasado mañana	μεθαύριο [meθávrio]
por la mañana	το πρωί [to proí]
por la tarde	το απόγευμα [to apójevma]
por la noche	το βράδυ [to vráði]

asiento de pasillo

θέση δίπλα στον διάδρομο
[θési δípla ston δiáδromo]

asiento de ventanilla

θέση δίπλα στο παράθυρο
[θési δípla sto paráθiro]

¿Cuánto cuesta?

Πόσο κάνει;
[póso káni?]

¿Puedo pagar con tarjeta?

**Μπορώ να πληρώσω
με πιστωτική κάρτα;**
[boró na pliróso
me pistotikí kárta?]

Autobús

el autobús	λεωφορείο [leoforío]
el autobús interurbano	υπεραστικό λεωφορείο [iperastikó leoforío]
la parada de autobús	στάση λεωφορείου [stási leoforíu]
¿Dónde está la parada de autobuses más cercana?	Πού είναι η πιο κοντινή στάση λεωφορείου; [pú íne i pio kondiní stási leoforíu?]

número	αριθμός [ariθmós]
¿Qué autobús tengo que tomar para ...?	Ποιο λεωφορείο πρέπει να πάρω για να πάω ...; [pio leoforío prépi na páro ja na páo ...?]
¿Este autobús va a ...?	Πάει αυτό το λεωφορείο στ ...; [pái aftó to leoforío st ...?]
¿Cada cuanto pasa el autobús?	Κάθε πότε έχει λεωφορείο; [káθe póte éxi leoforío?]

cada 15 minutos	κάθε 15 λεπτά [káθe ðekapénde leptá]
cada media hora	κάθε μισή ώρα [káθe misí óra]
cada hora	κάθε μία ώρα [káθe mía óra]
varias veces al día	αρκετές φορές την μέρα [arketés forés tin méra]
... veces al día	... φορές την μέρα [... forés tin méra]

el horario	δρομολόγιο [ðromolójo]
¿Dónde puedo ver el horario?	Πού μπορώ να δω το δρομολόγιο; [pú boró na ðo to ðromolójo?]
¿Cuándo pasa el siguiente autobús?	Πότε είναι το επόμενο λεωφορείο; [póte íne to epómeno leoforío?]
¿Cuándo pasa el primer autobús?	Πότε είναι το πρώτο λεωφορείο; [póte íne to próto leoforío?]
¿Cuándo pasa el último autobús?	Πότε είναι το τελευταίο λεωφορείο; [póte íne to teleftéo leoforío?]

la parada	**στάση** [stási]
la siguiente parada	**η επόμενη στάση** [i epómeni stási]
la última parada	**η τελευταία στάση** [i teleftéa stási]
Pare aquí, por favor.	**Σταματήστε εδώ, παρακαλώ.** [stamatíste eðó, parakalló]
Perdone, esta es mi parada.	**Συγνώμη, εδώ κατεβαίνω.** [siɣnómi, eðó katevéno]

Tren

el tren	τρένο [tréno]
el tren de cercanías	ηλεκτροκίνητο τρένο [ilektrokínito tréno]
el tren de larga distancia	τρένο για διαδρομές μεγάλων αποστάσεων [tréno ja ðiaðromés meɣálion apostáseon]
la estación de tren	σταθμός τρένου [staθmós trénu]
Perdone, ¿dónde está la salida al anden?	Συγνώμη, που είναι η έξοδος για την πλατφόρμα επιβίβασης; [siɣnómi, pu íne i éksoðos ja tin pliatfórma epivívasis?]

¿Este tren va a …?	Πηγαίνει αυτό το τρένο στ …; [piɟéni aftó to tréno st …?]
el siguiente tren	επόμενο τρένο [epómeno tréno]
¿Cuándo pasa el siguiente tren?	Πότε είναι το επόμενο τρένο; [póte íne to epómeno tréno?]
¿Dónde puedo ver el horario?	Πού μπορώ να δω το δρομολόγιο; [pú boró na ðo to ðromoliójo?]
¿De qué andén?	Από ποια πλατφόρμα; [apó pia pliatfórma?]
¿Cuándo llega el tren a …?	Πότε φθάνει το τραίνο στο …; [póte fθáni to tréno sto …?]

Ayudeme, por favor.	Παρακαλώ βοηθήστε με. [parakalió voiθíste me]
Busco mi asiento.	Ψάχνω τη θέση μου. [psáxno ti θési mu]
Buscamos nuestros asientos.	Ψάχνουμε τις θέσεις μας. [psáxnume tis θésis mas]
Mi asiento está ocupado.	Η θέση μου είναι πιασμένη. [i θési mu íne piazméni]
Nuestros asientos están ocupados.	Οι θέσεις μας είναι πιασμένες. [i θésis mas íne piazménes]
Perdone, pero ese es mi asiento.	Συγνώμη αλλά αυτή είναι η θέση μου. [siɣnómi aliá aftí íne i θési mu]

¿Está libre?

Είναι αυτή η θέση πιασμένη;
[íne afté i thési piazméni?]

¿Puedo sentarme aquí?

Θα μπορούσα να κάτσω εδώ;
[θa borúsa na kátso eδó?]

En el tren. Diálogo (Sin billete)

Su billete, por favor.	**Το εισιτήριό σας, παρακαλώ.** [to isitírió sas, parakaló]
No tengo billete.	**Δεν έχω εισιτήριο.** [ðen éxo isitírio]
He perdido mi billete.	**Έχασα το εισιτήριο μου.** [éxasa to isitírio mu]
He olvidado mi billete en casa.	**Ξέχασα το εισιτήριό μου στο σπίτι.** [kséxasa to isitírió mu sto spíti]

Le puedo vender un billete.	**Μπορώ εγώ να σας εκδώσω εισιτήριο.** [boró eγó na sas ekðóso isitírio]
También deberá pagar una multa.	**Πρέπει να πληρώσετε και πρόστιμο.** [prépi na plirósete ke próstimo]
Vale.	**Εντάξει.** [endáksi]
¿A dónde va usted?	**Πού πάτε;** [pú páte?]
Voy a ...	**Πηγαίνω στ ...** [pijéno st ...]

¿Cuánto es? No lo entiendo.	**Πόσο κάνει; Δεν καταλαβαίνω.** [póso káni? ðen katalavéno]
Escríbalo, por favor.	**Γράψτε το παρακαλώ.** [γrápste to parakaló]
Vale. ¿Puedo pagar con tarjeta?	**Εντάξει. Μπορώ να πληρώσω με πιστωτική κάρτα;** [endáksi. boró na pliróso me pistotikí kárta?]
Sí, puede.	**Ναι μπορείτε.** [ne boríte]

Aquí está su recibo.	**Ορίστε η απόδειξή σας.** [oríste i apóðiksí sas]
Disculpe por la multa.	**Συγνώμη για το πρόστιμο.** [siγnómi ja to próstimo]
No pasa nada. Fue culpa mía.	**Είναι εντάξει. Ήταν δικό μου λάθος.** [íne endáksi. ítan ðikó mu láθos]
Disfrute su viaje.	**Καλό ταξίδι.** [kaló taksíði]

Taxi

taxi	**ταξί** [taksí]
taxista	**οδηγός ταξί** [oðiγós taksí]
coger un taxi	**να πάρω ένα ταξί** [na páro éna taksí]
parada de taxis	**πιάτσα ταξί** [piátsa taksí]
¿Dónde puedo coger un taxi?	**Πού μπορώ να βρω ένα ταξί;** [pú boró na vro éna taksí?]
llamar a un taxi	**καλώ ένα ταξί** [kalió éna taksí]
Necesito un taxi.	**χρειάζομαι ένα ταξί.** [xriázome éna taksí]
Ahora mismo.	**Τώρα.** [tóra]
¿Cuál es su dirección?	**Ποια είναι η διεύθυνσή σας;** [pia íne i ðiéfθinsí sas?]
Mi dirección es ...	**Η διεύθυνσή μου είναι ...** [i ðiéfθinsi mu íne ...]
¿Cuál es el destino?	**Πού πηγαίνετε;** [pú pijénete?]

Perdone, ...	**Συγνώμη, ...** [siγnómi, ...]
¿Está libre?	**Είστε ελεύθερος;** [íste eléfθeros?]
¿Cuánto cuesta ir a ...?	**Πόσο κοστίζει να πάω μέχρι ...;** [póso kostízi na páo méxri ...?]
¿Sabe usted dónde está?	**Ξέρετε που είναι;** [ksérete pu íne?]

Al aeropuerto, por favor.	**Στο αεροδρόμιο, παρακαλώ.** [sto aeroðrómio, parakalió]
Pare aquí, por favor.	**Σταματήστε εδώ, παρακαλώ.** [stamatíste eðó, parakalió]
No es aquí.	**Δεν είναι εδώ.** [ðen íne eðó]
La dirección no es correcta.	**Αυτή είναι λάθος διεύθυνση.** [aftí íne liáθos ðiéfθinsi]
Gire a la izquierda.	**Στρίψτε αριστερά.** [strípste aristerá]
Gire a la derecha.	**Στρίψτε δεξιά.** [strípste ðeksiá]

¿Cuánto le debo?	Τι σας οφείλω; [ti sas ofílio?]
¿Me da un recibo, por favor?	Θα ήθελα παρακαλώ μία απόδειξη. [θa íθelia parakalió mía apóðiksi]
Quédese con el cambio.	Κρατήστε τα ρέστα. [kratíste ta résta]

Espéreme, por favor.	Μπορείτε παρακαλώ να με περιμένετε; [boríte parakalió na me periménete?]
cinco minutos	πέντε λεπτά [pénde leptá]
diez minutos	δέκα λεπτά [ðéka leptá]
quince minutos	δεκαπέντε λεπτά [ðekapénde leptá]
veinte minutos	είκοσι λεπτά [íkosi leptá]
media hora	μισή ώρα [misí óra]

Hotel

Hola.	**Γεια σας.** [ja sas]
Me llamo ...	**Ονομάζομαι ...** [onomázome ...]
Tengo una reserva.	**Έχω κάνει μια κράτηση.** [éxo káni mia krátisi]

Necesito ...	**Χρειάζομαι ...** [xriázome ...]
una habitación individual	**ένα μονόκλινο δωμάτιο** [éna monóklino ðomátio]
una habitación doble	**ένα δίκλινο δωμάτιο** [éna ðíklino ðomátio]
¿Cuánto cuesta?	**Πόσο κοστίζει;** [póso kostízi?]
Es un poco caro.	**Είναι λίγο ακριβό.** [íne líɣo akrivó]

¿Tiene alguna más?	**Έχετε κάτι άλλο διαθέσιμο;** [éxete káti álo ðiaθésimo?]
Me quedo.	**Θα το κλείσω.** [θa to klíso]
Pagaré en efectivo.	**Θα πληρώσω μετρητά.** [θa plíroso metritá]

Tengo un problema.	**Έχω ένα πρόβλημα.** [éxo éna próvlima]
Mi ... no funciona.	**Το ... μου είναι σπασμένο.** [to ... mu íne spazméno]
Mi ... está fuera de servicio.	**Το ... μου δεν λειτουργεί.** [to ... mu ðen liturjí]
televisión	**τηλεόραση** [tileórasi]
aire acondicionado	**κλιματισμός** [klimatizmós]
grifo	**βρύση** [vrísi]

ducha	**ντους** [dus]
lavabo	**νιπτήρας** [niptíras]
caja fuerte	**χρηματοκιβώτιο** [xrimatokivótio]

cerradura	κλειδαριά [kliðariá]
enchufe	πρίζα [príza]
secador de pelo	σεσουάρ μαλλιών [sesuár malión]

No tengo ...	Δεν έχω καθόλου ... [ðen éxo kaθólʲu ...]
agua	νερό [neró]
luz	φως [fos]
electricidad	ηλεκτρικό ρεύμα [ilektrikó révma]

¿Me puede dar ...?	Μπορείτε να μου δώσετε ...; [boríte na mu ðósete ...?]
una toalla	μια πετσέτα [mia petséta]
una sábana	μια κουβέρτα [mia kuvérta]
unas chanclas	παντόφλες [pandófles]
un albornoz	μία ρόμπα [mía róba]
un champú	σαμπουάν [sambuán]
jabón	σαπούνι [sapúni]

Quisiera cambiar de habitación.	Θα ήθελα να αλλάξω δωμάτιο. [θa íθelʲa na alʲákso ðomátio]
No puedo encontrar mi llave.	Δεν βρίσκω το κλειδί μου. [ðen vrísko to kliðí mu]
Por favor abra mi habitación.	Θα μπορούσατε παρακαλώ να ανοίξετε το δωμάτιό μου; [θa borúsate parakalʲó na aníksete to ðomátió mu?]

¿Quién es?	Ποιος είναι; [pios íne?]
¡Entre!	Περάστε! [peráste!]
¡Un momento!	Μια στιγμή! [mia stiɣmí!]

Ahora no, por favor.	Όχι τώρα, παρακαλώ. [óxi tóra, parakalʲó]
Venga a mi habitación, por favor.	Παρακαλώ, μπείτε στο δωμάτιό μου. [parakalʲó, bíte sto ðomátió mu]

Quisiera hacer un pedido.	Θα ήθελα να παραγγείλω φαγητό στο δωμάτιο. [θa íθel'a na parangíl'o fajitó sto ðomátio]
Mi número de habitación es ...	Ο αριθμός δωματίου μου είναι ... [o ariθmós ðomatíu mu íne ...]
Me voy ...	Φεύγω ... [févҫo ...]
Nos vamos ...	Φεύγουμε ... [févҫume ...]
Ahora mismo	τώρα [tóra]
esta tarde	σήμερα το απόγευμα [símera to apójevma]
esta noche	απόψε [apópse]
mañana	αύριο [ávrio]
mañana por la mañana	αύριο το πρωί [ávrio to proí]
mañana por la noche	αύριο βράδυ [ávrio vráði]
pasado mañana	μεθαύριο [meθávrio]

Quisiera pagar la cuenta.	Θα ήθελα να πληρώσω. [θa íθel'a na pliróso]
Todo ha estado estupendo.	Όλα ήταν υπέροχα. [ól'a ítan ipéroxa]
¿Dónde puedo coger un taxi?	Πού μπορώ να πάρω ένα ταξί; [pú boró na páro éna taksí?]
¿Puede llamarme un taxi, por favor?	Μπορείτε παρακαλώ να καλέσετε ένα ταξί για μένα; [boríte parakal'ó na kalésete éna taksí ja ména?]

Restaurante

¿Puedo ver el menú, por favor?
Μπορώ να έχω έναν κατάλογο παρακαλώ;
[boró na éxo énan katáloγo parakaľó?]

Mesa para uno.
Τραπέζι για ένα άτομο.
[trapézi ja éna átomo]

Somos dos (tres, cuatro).
Είμαστε δύο (τρία, τέσσερα) άτομα.
[ímaste ðío (tría, tésera) átoma]

Para fumadores
Επιτρέπεται Κάπνισμα
[epitrépete kápnizma]

Para no fumadores
Απαγορεύεται το κάπνισμα
[apaγorévete to kápnizma]

¡Por favor! (llamar al camarero)
Συγγνώμη!
[siγnómi!]

la carta
κατάλογος φαγητού
[katáloγos fajitú]

la carta de vinos
κατάλογος κρασιών
[katáloγos krasión]

La carta, por favor.
Τον κατάλογο, παρακαλώ.
[ton katáloγo, parakaľó]

¿Está listo para pedir?
Είστε έτοιμος να παραγγείλετε;
[íste étimos na parangílete?]

¿Qué quieren pedir?
Τι θα πάρετε;
[ti θa párete?]

Yo quiero …
Θα πάρω …
[θa páro …]

Soy vegetariano.
Είμαι χορτοφάγος.
[íme xortofáγos]

carne
κρέας
[kréas]

pescado
ψάρι
[psári]

verduras
λαχανικά
[laxaniká]

¿Tiene platos para vegetarianos?
Έχετε πιάτα για χορτοφάγους;
[éxete piáta ja xortofáγus?]

No como cerdo.
Δεν τρώω χοιρινό.
[ðen tróo xirinó]

Él /Ella/ no come carne.
Αυτός /αυτή/ δεν τρώει κρέας.
[aftós /aftí/ ðen trói kréas]

36

Soy alérgico a ...	**Είμαι αλλεργικός στο ...** [íme alerjikós sto ...]
¿Me puede traer ..., por favor?	**Μπορείτε παρακαλώ να μου φέρετε ...** [boríte parakalió na mu férete ...]
sal | pimienta | azúcar	**αλάτι | πιπέρι | ζάχαρη** [aliáti | pipéri | záxari]
café | té | postre	**καφέ | τσάι | επιδόρπιο** [kafé | tsái | epiðórpio]
agua | con gas | sin gas	**νερό | ανθρακούχο | φυσικό μεταλλικό** [neró | anθrakúxo | fisikó metalikó]
una cuchara | un tenedor | un cuchillo	**ένα κουτάλι | πιρούνι | μαχαίρι** [éna kutáli | pirúni | maxéri]
un plato | una servilleta	**ένα πιάτο | πετσέτα** [éna piáto | petséta]

¡Buen provecho!	**Καλή όρεξη!** [kalí óreksi!]
Uno más, por favor.	**Ένα ακόμα, παρακαλώ.** [éna akóma, parakalió]
Estaba delicioso.	**Ήταν πολύ νόστιμο.** [ítan polí nóstimo]

la cuenta | el cambio | la propina	**λογαριασμός | ρέστα | πουρμπουάρ** [lioγariazmós | résta | purbuár]
La cuenta, por favor.	**Τον λογαριασμό, παρακαλώ.** [ton lioγariazmó, parakalió]
¿Puedo pagar con tarjeta?	**Μπορώ να πληρώσω με πιστωτική κάρτα;** [boró na plíróso me pistotikí kárta?]
Perdone, aquí hay un error.	**Συγνώμη, εδώ υπάρχει ένα λάθος.** [siγnómi, eðó ipárxi éna liáθos]

De Compras

¿Puedo ayudarle?	Τι θα θέλατε παρακαλώ; [ti θa θélʲate parakalʲó?]
¿Tiene …?	Έχετε …; [éxete …?]
Busco …	Ψάχνω για … [psáxno ja …]
Necesito …	Χρειάζομαι … [xriázome …]

Sólo estoy mirando.	Ρίχνω απλώς μία ματιά. [ríxno aplʲós mía matiá]
Sólo estamos mirando.	Ρίχνουμε απλώς μία ματιά. [ríxnume aplʲós mía matiá]
Volveré más tarde.	Θα ξαναέρθω αργότερα. [θa ksanaérθo arγótera]
Volveremos más tarde.	Θα ξαναέρθουμε αργότερα. [θa ksanaérθume arγótera]
descuentos | oferta	εκπτώσεις | πώληση με προσφορά [ekptósis | pólisi me prosforá]

Por favor, enséñeme …	Μπορείτε παρακαλώ να μου δείξετε … [boríte parakalʲó na mu ðíksete …]
¿Me puede dar …, por favor?	Μπορείτε παρακαλώ να μου δώσετε … [boríte parakalʲó na mu ðósete …]
¿Puedo probarmelo?	Μπορώ να το δοκιμάσω; [boró na to ðokimáso?]
Perdone, ¿dónde están los probadores?	Συγνώμη, που είναι το δοκιμαστήριο; [siγnómi, pu íne to ðokimastírio?]
¿Qué color le gustaría?	Ποιο χρώμα θα θέλατε; [pio xróma θa θélʲate?]
la talla | el largo	μέγεθος | νούμερο [méjeθos | número]
¿Cómo le queda? (¿Está bien?)	Μου πάει; [mu pái?]
¿Cuánto cuesta esto?	Πόσο κάνει; [póso káni?]
Es muy caro.	Είναι πολύ ακριβό. [íne polí akrivó]
Me lo llevo.	Θα το πάρω. [θa to páro]

Perdone, ¿dónde está la caja?

Συγνώμη, που μπορώ να πληρώσω;
[siɣnómi, pu boró na plfróso?]

¿Pagará en efectivo o con tarjeta?

Θα πληρώσετε με μετρητά
ή με πιστωτική κάρτα;
[θa plirósete me metritá
í me pistotikí kárta?]

en efectivo | con tarjeta

Τοις μετρητοίς | με πιστωτική κάρτα
[tis metritoís | me pistotikí kárta]

¿Quiere el recibo?

Θέλετε απόδειξη;
[θélete apóδiksi?]

Sí, por favor.

Ναι παρακαλώ.
[ne parakalᵢó]

No, gracias.

Όχι, είναι εντάξει.
[óxi, íne endáksi]

Gracias. ¡Que tenga un buen día!

Ευχαριστώ. Καλή σας μέρα!
[efxaristó. kalí sas méra!]

En la ciudad

Perdone, por favor.	Με συγχωρείτε, ... [me sinxoríte, ...]
Busco ...	Ψάχνω για ... [psáxno ja ...]
el metro	μετρό [metró]
mi hotel	το ξενοδοχείο μου [to ksenoðoxío mu]
el cine	σινεμά [sinemá]
una parada de taxis	πιάτσα ταξί [piátsa taksí]

un cajero automático	ATM [eitiém]
una oficina de cambio	ανταλλακτήριο συναλλάγματος [adal'aktírio sinal'áɣmatos]
un cibercafé	ίντερνετ καφέ [ínternet kafé]
la calle ...	την οδό ... [tin oðó ...]
este lugar	αυτό το μέρος [aftó to méros]

¿Sabe usted dónde está ...?	Ξέρετε πού είναι ...; [ksérete pú íne ...?]
¿Cómo se llama esta calle?	Ποια οδός είναι αυτή; [pia oðós íne aftí?]
Muestreme dónde estamos ahora.	Δείξετε μου που βρισκόμαστε αυτή τη στιγμή. [ðíksete mu pu vriskómaste aftí ti stiɣmí]
¿Puedo llegar a pie?	Μπορώ να πάω εκεί με τα πόδια; [boró na páo ekí me ta pódia?]
¿Tiene un mapa de la ciudad?	Μήπως έχετε χάρτη της πόλης; [mípos éxete xárti tis pólis?]

¿Cuánto cuesta la entrada?	Πόσο κάνει το εισιτήριο για να μπείς μέσα; [póso káni to isitírio ja na béis mésa?]
¿Se pueden hacer fotos aquí?	Μπορώ να βγάλω φωτογραφίες εδώ; [boró na vɣál'o fotografíes eðó?]

¿Está abierto?

Είστε ανοικτά;
[íste aniktá?]

¿A qué hora abren?

Πότε ανοίγετε;
[póte aníjete?]

¿A qué hora cierran?

Πότε κλείνετε;
[póte klínete?]

Dinero

dinero	χρήματα [xrímata]
efectivo	μετρητά [metritá]
billetes	χαρτονομίσματα [xartonomízmata]
monedas	ρέστα [résta]
la cuenta | el cambio | la propina	λογαριασμός | ρέστα | πουρμπουάρ [lloγariazmós | résta | purbuár]

la tarjeta de crédito	πιστωτική κάρτα [pistotikí kárta]
la cartera	πορτοφόλι [portofóli]
comprar	αγοράζω [aγorázo]
pagar	πληρώνω [pliróno]
la multa	πρόστιμο [próstimo]
gratis	δωρεάν [ðoreán]

¿Dónde puedo comprar ...?	Πού μπορώ να αγοράσω ...; [pú boró na aγoráso ...?]
¿Está el banco abierto ahora?	Είναι τώρα η τράπεζα ανοιχτή; [íne tóra i trápeza anixtí?]
¿A qué hora abre?	Πότε ανοίγει; [póte anílji?]
¿A qué hora cierra?	Πότε κλείνει; [póte klíni?]

¿Cuánto cuesta?	Πόσο κάνει; [póso káni?]
¿Cuánto cuesta esto?	Πόσο κάνει αυτό; [póso káni aftó?]
Es muy caro.	Είναι πολύ ακριβό. [íne polí akrivó]

Perdone, ¿dónde está la caja?	Συγνώμη, που μπορώ να πληρώσω; [siγnómi, pu boró na pliróso?]
La cuenta, por favor.	Τον λογαριασμό, παρακαλώ. [ton lloγariazmó, parakalló]

¿Puedo pagar con tarjeta?

**Μπορώ να πληρώσω
με πιστωτική κάρτα;**
[boró na pliróso
me pistotikí kárta?]

¿Hay un cajero por aquí?

**Μήπως υπάρχει εδώ
κοντά κάποιο ATM;**
[mípos ipárxi eðó
kondá kápio eitiém?]

Busco un cajero automático.

Ψάχνω να βρω ένα ATM.
[psáxno ja na vro éna eitiém]

Busco una oficina de cambio.

**Ψάχνω για ένα ανταλλακτήριο
συναλλάγματος.**
[psáxno ja éna andalʲaktírio
sinalʲáɣmatos]

Quisiera cambiar ...

Θα ήθελα να αλλάξω ...
[θa íθelʲa na alʲákso ...]

¿Cuál es el tipo de cambio?

Ποια είναι η τιμή συναλλάγματος;
[pia íne i timí sinalʲáɣmatos?]

¿Necesita mi pasaporte?

Θέλετε το διαβατήριο μου;
[θélete to ðiavatírio mu?]

Tiempo

¿Qué hora es?	**Τι ώρα είναι;** [ti óra íne?]
¿Cuándo?	**Πότε;** [póte?]
¿A qué hora?	**Τι ώρα;** [ti óra?]
ahora | luego | después de ...	**τώρα | αργότερα | μετά ...** [tóra | aryótera | metá ...]
la una	**μία η ώρα** [mía i óra]
la una y cuarto	**μία και τέταρτο** [mía ke tétarto]
la una y medio	**μία και μισή** [mía ke misí]
las dos menos cuarto	**δύο παρά τέταρτο** [δío pará tétarto]
una | dos | tres	**μία | δύο | τρις** [mía | δío | tris]
cuatro | cinco | seis	**τέσσερις | πέντε | έξι** [téseris | pénde | éksi]
siete | ocho | nueve	**επτά | οκτώ | εννέα** [eptá | októ | enéa]
diez | once | doce	**δέκα | έντεκα | δώδεκα** [δéka | éndeka | δóδeka]
en ...	**σε ...** [se ...]
cinco minutos	**πέντε λεπτά** [pénde leptá]
diez minutos	**δέκα λεπτά** [δéka leptá]
quince minutos	**δεκαπέντε λεπτά** [δekapénde leptá]
veinte minutos	**είκοσι λεπτά** [íkosi leptá]
media hora	**μισή ώρα** [misí óra]
una hora	**μια ώρα** [mia óra]
por la mañana	**το πρωί** [to proí]

por la mañana temprano	**νωρίς το πρωί** [norís to proí]
esta mañana	**σήμερα το πρωί** [símera to proí]
mañana por la mañana	**αύριο το πρωί** [ávrio to proí]

al mediodía	**την ώρα του μεσημεριανού** [tin óra tu mesimerianú]
por la tarde	**το απόγευμα** [to apójevma]
por la noche	**το βράδυ** [to vráði]
esta noche	**απόψε** [apópse]

por la noche	**την νύχτα** [tin níxta]
ayer	**εχθές** [exθés]
hoy	**σήμερα** [símera]
mañana	**αύριο** [ávrio]
pasado mañana	**μεθαύριο** [meθávrio]

¿Qué día es hoy?	**Τι μέρα είναι σήμερα;** [ti méra íne símera?]
Es ...	**Είναι ...** [íne ...]
lunes	**Δευτέρα** [ðeftéra]
martes	**Τρίτη** [tríti]
miércoles	**Τετάρτη** [tetárti]

jueves	**Πέμπτη** [pémpti]
viernes	**Παρασκευή** [paraskeví]
sábado	**Σάββατο** [sávato]
domingo	**Κυριακή** [kiriakí]

Saludos. Presentaciones.

Hola.	**Γεια σας.** [ja sas]
Encantado /Encantada/ de conocerle.	**Χάρηκα που σας γνώρισα.** [xárika pu sas γnórisa]
Yo también.	**Και εγώ επίσης.** [ke eγó epísis]
Le presento a …	**Θα ήθελα να συναντήσεις …** [θa íθel'a na sinandísis …]
Encantado.	**Χαίρομαι που σας γνωρίζω.** [xérome pu sas γnorízo]

¿Cómo está?	**Τι κάνετε; Πώς είστε;** [ti kánete? pós íste?]
Me llamo …	**Ονομάζομαι …** [onomázome …]
Se llama …	**Το όνομά του είναι …** [to ónomá tu íne …]
Se llama …	**Το όνομά της είναι …** [to ónomá tes íne …]
¿Cómo se llama (usted)?	**Πώς ονομάζεστε;** [pós onomázeste?]
¿Cómo se llama (él)?	**Πώς ονομάζεται;** [pós onomázete?]
¿Cómo se llama (ella)?	**Πώς ονομάζεται;** [pós onomázete?]

¿Cuál es su apellido?	**Ποιο είναι το επώνυμό σας;** [pio íne to epónimó sas?]
Puede llamarme …	**Μπορείτε να με λέτε …** [boríte na me léte …]
¿De dónde es usted?	**Από πού είστε;** [apó pú íste?]
Yo soy de ….	**Είμαι από …** [íme apó …]
¿A qué se dedica?	**Ποιο είναι το επάγγελμά σας;** [pio íne to epángel'má sas?]
¿Quién es?	**Ποιος είναι αυτός ο άνθρωπος;** [pios íne aftós o ánθropos?]
¿Quién es él?	**Ποιος είναι αυτός;** [pios íne aftós?]
¿Quién es ella?	**Ποια είναι αυτή;** [pia íne aftí?]
¿Quiénes son?	**Ποιοι είναι αυτοί;** [pii íne aftí?]

Este es ...	**Αυτός είναι ...** [aftós íne ...]
mi amigo	**ο φίλος μου** [o fílios mu]
mi amiga	**η φίλη μου** [i fíli mu]
mi marido	**ο σύζυγός μου** [o síziɣós mu]
mi mujer	**η σύζυγός μου** [i síziɣós mu]
mi padre	**ο πατέρας μου** [o patéras mu]
mi madre	**η μητέρα μου** [i mitéra mu]
mi hermano	**ο αδελφός μου** [o aðelifós mu]
mi hermana	**η αδελφή μου** [i aðelifí mu]
mi hijo	**ο γιός μου** [o jiós mu]
mi hija	**η κόρη μου** [i kóri mu]
Este es nuestro hijo.	**Αυτός είναι ο γιός μας.** [aftós íne o jiós mas]
Esta es nuestra hija.	**Αυτή είναι η κόρη μας.** [aftí íne i kóri mas]
Estos son mis hijos.	**Αυτά είναι τα παιδιά μου.** [aftá íne ta peðiá mu]
Estos son nuestros hijos.	**Αυτά είναι τα παιδιά μας.** [aftá íne ta peðiá mas]

Despedidas

¡Adiós!	**Αντίο!** [adío!]
¡Chau!	**Γεια σου!** [ja su!]
Hasta mañana.	**Θα σας δω αύριο.** [θa sas ðo ávrio]
Hasta pronto.	**Θα σε δω σύντομα.** [θa se ðo síndoma]
Te veo a las siete.	**Θα σε δω στις επτά.** [θa se ðo stis eptá]

¡Que se diviertan!	**Καλή διασκέδαση!** [kalí ðiaskéðasi!]
Hablamos más tarde.	**Θα τα πούμε αργότερα.** [θa ta púme aryótera]
Que tengas un buen fin de semana.	**Καλό σαββατοκύριακο.** [kaló savatokíriako]
Buenas noches.	**Καλή νύχτα σας.** [kalí níxta sas]

Es hora de irme.	**Είναι ώρα να πηγαίνω.** [íne óra na pijéno]
Tengo que irme.	**Πρέπει να φύγω.** [prépi na fíyo]
Ahora vuelvo.	**Θα γυρίσω αμέσως.** [θa jiríso amésos]

Es tarde.	**Είναι αργά.** [íne aryá]
Tengo que levantarme temprano.	**Πρέπει να ξυπνήσω νωρίς.** [prépi na ksipníso norís]
Me voy mañana.	**Φεύγω αύριο.** [févyo ávrio]
Nos vamos mañana.	**Φεύγουμε αύριο.** [févyume ávrio]

¡Que tenga un buen viaje!	**Καλό σας ταξίδι!** [kaló sas taksíði!]
Ha sido un placer.	**Χάρηκα που σας γνώρισα.** [xárika pu sas ynórisa]
Fue un placer hablar con usted.	**Χάρηκα που μιλήσαμε.** [xárika pu milísame]
Gracias por todo.	**Ευχαριστώ για όλα.** [efxaristó ja óľa]

Lo he pasado muy bien.	**Πέρασα πολύ καλά.** [pérasa polí kaľá]
Lo pasamos muy bien.	**Περάσαμε πολύ καλά.** [perásame polí kaľá]
Fue genial.	**Ήταν πραγματικά υπέροχα.** [ítan praɣmatiká ipéroxa]
Le voy a echar de menos.	**Θα μου λείψετε.** [θa mu lípsete]
Le vamos a echar de menos.	**Θα μας λείψετε.** [θa mas lípsete]

¡Suerte!	**Καλή τύχη!** [kalí tíxi!]
Saludos a …	**Χαιρετίσματα σε …** [xeretízmata se …]

Idioma extranjero

No entiendo.	**Δεν καταλαβαίνω.** [ðen katalʲavéno]
Escríbalo, por favor.	**Μπορείτε σας παρακαλώ** **να το γράψετε;** [boríte sas parakalʲó na to ɣrápsete?]
¿Habla usted ...?	**Μιλάτε ...;** [milʲáte ...?]

Hablo un poco de ...	**Μιλάω λίγο ...** [milʲáo líɣo ...]
inglés	**αγγλικά** [anglikά]
turco	**τουρκικά** [turkiká]
árabe	**αραβικά** [araviká]
francés	**γαλλικά** [ɣaliká]

alemán	**γερμανικά** [jermaniká]
italiano	**ιταλικά** [italiká]
español	**ισπανικά** [ispaniká]
portugués	**πορτογαλικά** [portoɣaliká]
chino	**κινέζικα** [kinézika]
japonés	**ιαπωνικά** [japoniká]

¿Puede repetirlo, por favor?	**Μπορείτε παρακαλώ** **να το επαναλάβετε;** [boríte parakalʲó na to epanalʲávete?]
Lo entiendo.	**Καταλαβαίνω.** [katalʲavéno]
No entiendo.	**Δεν καταλαβαίνω.** [ðen katalʲavéno]
Hable más despacio, por favor.	**Παρακαλώ μιλάτε πιο αργά.** [parakalʲó milʲáte pio arɣá]

¿Está bien?

Είναι σωστό αυτό;
[íne sostó aftó?]

¿Qué es esto? (¿Que significa esto?)

Τι είναι αυτό;
[ti íne aftó?]

Disculpas

Perdone, por favor.	**Με συγχωρείτε, παρακαλώ.** [me sinxoríte, parakalió]
Lo siento.	**Λυπάμαι.** [lipáme]
Lo siento mucho.	**Λυπάμαι πολύ.** [lipáme polí]
Perdón, fue culpa mía.	**Με συγχωρείτε, ήταν λάθος μου.** [me sinxoríte, ítan láθos mu]
Culpa mía.	**Είναι λάθος μου.** [íne láθos mu]
¿Puedo ...?	**Θα μπορούσα να ...;** [θa borúsa na ...?]
¿Le molesta si ...?	**Θα σας πείραζε να ...;** [θa sas píraze na ...?]
¡No hay problema! (No pasa nada.)	**Είναι εντάξει.** [íne endáksi]
Todo está bien.	**Εντάξει.** [endáksi]
No se preocupe.	**Μην σας απασχολεί.** [min sas apasxolí]

Acuerdos

Sí.	**Ναι.** [ne]
Sí, claro.	**Ναι, φυσικά.** [ne, fisiká]
Bien.	**Εντάξει! Καλά!** [endáksi! kal'á!]
Muy bien.	**Πολύ καλά.** [polí kal'á]
¡Claro que sí!	**Φυσικά!** [fisiká!]
Estoy de acuerdo.	**Συμφωνώ.** [simfonó]

Es verdad.	**Αυτό είναι σωστό.** [aftó íne sostó]
Es correcto.	**Σωστά.** [sostá]
Tiene razón.	**Έχετε δίκιο.** [éxete ðíkio]
No me molesta.	**Δεν με πειράζει.** [ðen me pirázi]
Es completamente cierto.	**Απολύτως σωστό.** [apolítos sostó]

Es posible.	**Είναι πιθανό.** [íne piθanó]
Es una buena idea.	**Είναι μία καλή ιδέα.** [íne mía kalí iðéa]
No puedo decir que no.	**Δεν μπορώ να αρνηθώ.** [ðen boró na arniθó]
Estaré encantado /encantada/.	**Βεβαίως.** [vevéos]
Será un placer.	**Ευχαρίστως.** [efxarístos]

Rechazo. Expresar duda

No.

Όχι.
[óxi]

Claro que no.

Βέβαια όχι.
[vévea óxi]

No estoy de acuerdo.

Δεν συμφωνώ.
[ðen simfonó]

No lo creo.

Δεν νομίζω
[ðen nomízo]

No es verdad.

Δεν είναι αλήθεια.
[ðen íne alíθia]

No tiene razón.

Κάνετε λάθος.
[kánete ľáθos]

Creo que no tiene razón.

Νομίζω ότι κάνετε λάθος.
[nomízo óti kánete ľáθos]

No estoy seguro /segura/.

Δεν είμαι σίγουρος.
[ðen íme síɣuros]

No es posible.

Είναι αδύνατο.
[íne aðínato]

¡Nada de eso!

Τίποτα τέτοιο!
[típota tétio!]

Justo lo contrario.

Το ακριβώς αντίθετο.
[to akrivós andíθeto]

Estoy en contra de ello.

Διαφωνώ με αυτό.
[ðiafonó me aftó]

No me importa. (Me da igual.)

Δεν με νοιάζει.
[ðen me niázi]

No tengo ni idea.

Δεν έχω ιδέα.
[ðen éxo iðéa]

Dudo que sea así.

Δεν νομίζω
[ðen nomízo]

Lo siento, no puedo.

Με συγχωρείτε, δεν μπορώ.
[me sinxoríte, ðen boró]

Lo siento, no quiero.

Με συγχωρείτε, δεν θέλω να.
[me sinxoríte, ðen θélʲo na]

Gracias, pero no lo necesito.

Ευχαριστώ, αλλά δεν το
χρειάζομαι αυτό.
[efxaristó, alʲá ðen to
xriázome aftó]

Ya es tarde.

Είναι αργά.
[íne aryá]

Tengo que levantarme temprano.

Πρέπει να σηκωθώ νωρίς.
[prépi na sekoθó norís]

Me encuentro mal.

Δεν αισθάνομαι καλά.
[ðen esθánome kalʲá]

Expresar gratitud

Gracias.	**Σας ευχαριστώ.** [sas efxaristó]
Muchas gracias.	**Σας ευχαριστώ πολύ.** [sas efxaristó polí]
De verdad lo aprecio.	**Το εκτιμώ πολύ.** [to ektimó polí]
Se lo agradezco.	**Σας είμαι πραγματικά ευγνώμων.** [sas íme praɣmatiká evɣnómon]
Se lo agradecemos.	**Σας είμαστε πραγματικά ευγνώμονες.** [sas ímaste praɣmatiká evɣnómones]

Gracias por su tiempo.	**Σας ευχαριστώ για τον χρόνο σας.** [sas efxaristó ja ton xróno sas]
Gracias por todo.	**Ευχαριστώ για όλα.** [efxaristó ja ól'a]
Gracias por ...	**Σας ευχαριστώ για ...** [sas efxaristó ja ...]
su ayuda	**την βοήθειά σας** [tin voíθiá sas]
tan agradable momento	**να περάσετε καλά** [na perásete kal'á]

una comida estupenda	**ένα υπέροχο γεύμα** [éna ipéroxo jévma]
una velada tan agradable	**ένα ευχάριστο βράδυ** [éna efxáristo vráδi]
un día maravilloso	**μια υπέροχη μέρα** [mia ipéroxi méra]
un viaje increíble	**ένα καταπληκτικό ταξίδι** [éna katapliktikó taksíδi]

No hay de qué.	**Δεν είναι τίποτα** [δen íne típota]
De nada.	**Παρακαλώ, δεν κάνει τίποτα.** [parakal'ó, δen káni típota]
Siempre a su disposición.	**Οποτεδήποτε.** [opoteδípote]
Encantado /Encantada/ de ayudarle.	**Είναι ευχαρίστηση μου.** [íne efxarístisi mu]
No hay de qué.	**Ξέχνα το.** [kséxna to]
No tiene importancia.	**Μην σας απασχολεί.** [min sas apasxolí]

Felicitaciones , Mejores Deseos

¡Felicidades!	**Συγχαρητήρια!** [sinxaritíria!]
¡Feliz Cumpleaños!	**Χρόνια πολλά!** [xrónia polʲá!]
¡Feliz Navidad!	**Καλά Χριστούγεννα!** [kalʲá xristújena!]
¡Feliz Año Nuevo!	**Καλή Χρονιά!** [kalí xroniá!]

¡Felices Pascuas!	**Καλό Πάσχα!** [kalʲó pásxa!]
¡Feliz Hanukkah!	**Καλό Χάνουκα!** [kalʲó xánuka!]

Quiero brindar.	**Θα ήθελα να κάνω μία πρόποση** [θa íθelʲa na káno mía próposi]
¡Salud!	**Γεια μας!** [ja mas!]
¡Brindemos por ...!	**Ας πιούμε στην υγειά του ...!** [as piúme stin ijiá tu ...!]
¡A nuestro éxito!	**Στην επιτυχία μας!** [stin epitixía mas!]
¡A su éxito!	**Στην επιτυχία σας!** [stin epitixía sas!]

¡Suerte!	**Καλή τύχη!** [kalí tíxi]
¡Que tenga un buen día!	**Να έχετε μια ευχάριστη μέρα!** [na éxete mia efxáristi méra!]
¡Que tenga unas buenas vacaciones!	**Καλές διακοπές!** [kalés ðiakopés!]
¡Que tenga un buen viaje!	**Να έχετε ένα ασφαλές ταξίδι!** [na éxete éna asfalés taksíði!]
¡Espero que se recupere pronto!	**Ελπίζω να αναρρώσετε σύντομα!** [elʲpízo na anarósete síntoma!]

Socializarse

¿Por qué está triste?	Γιατί είστε λυπημένος; [jatí íste lipeménos?]
¡Sonría! ¡Animese!	Χαμογελάστε! [xamojeláste!]
¿Está libre esta noche?	Έχετε χρόνο απόψε; [éxete xróno apópse?]
¿Puedo ofrecerle algo de beber?	Θα μπορούσα να σας προσφέρω ένα ποτό; [θa borúsa na sas prosféro éna potó?]
¿Querría bailar conmigo?	Θα θέλατε να χορέψουμε; [θa θélate na xorépsume?]
Vamos a ir al cine.	Πάμε σινεμά. [páme sinemá]
¿Puedo invitarle a ...?	Θα μπορούσα να σας προσκαλέσω σε ...; [θa borúsa na sas proskaléso se ...?]
un restaurante	δείπνο [ðípno]
el cine	σινεμά [sinemá]
el teatro	θέατρο [θéatro]
dar una vuelta	για μια βόλτα [ja mia vólta]
¿A qué hora?	Τι ώρα; [ti óra?]
esta noche	απόψε [apópse]
a las seis	στις έξι [stis éksi]
a las siete	στις επτά [stis eptá]
a las ocho	στις οκτώ [stis októ]
a las nueve	στις εννέα [stis enéa]

¿Le gusta este lugar? — Σας αρέσει εδώ;
[sas arési eðó?]

¿Está aquí con alguien? — Είστε εδώ με κάποιον;
[íste eðó me kápion?]

Estoy con mi amigo /amiga/. — Είμαι με τον φίλο μου.
[íme me ton fílo mu]

Estoy con amigos. — Είμαι με τους φίλους μου.
[íme me tus fílus mu]

No, estoy solo /sola/. — Όχι, είμαι μόνος /μόνη/.
[óxi, íme mónos /móni/]

¿Tienes novio? — Έχεις αγόρι;
[éxis aγóri?]

Tengo novio. — Έχω αγόρι.
[éxo aγóri]

¿Tienes novia? — Έχεις κορίτσι;
[éxis korítsi?]

Tengo novia. — Έχω κορίτσι.
[éxo korítsi]

¿Te puedo volver a ver? — Θέλεις να ξαναβρεθούμε;
[θélis na ksanavreθúme?]

¿Te puedo llamar? — Μπορώ να σου τηλεφωνήσω;
[boró na su tilefoníso?]

Llámame. — Πάρε με τηλέφωνο.
[páre me tiléfono]

¿Cuál es tu número? — Ποιος είναι ο αριθμός σου;
[pios íne o ariθmós su?]

Te echo de menos. — Μου λείπεις.
[mu lípis]

¡Qué nombre tan bonito! — Έχετε ωραίο όνομα.
[éxete oréo ónoma]

Te quiero. — Σ'αγαπώ.
[saγapó]

¿Te casarías conmigo? — Θα με παντρευτείς;
[θa me pandreftís?]

¡Está de broma! — Αστειεύεστε!
[astiéveste!]

Sólo estoy bromeando. — Απλώς αστειεύομαι.
[aplós astiévome]

¿En serio? — Μιλάτε σοβαρά;
[miláte sovará?]

Lo digo en serio. — Μιλώ σοβαρά.
[miló sovará]

¿De verdad? — Αλήθεια;
[alíθia?]

¡Es increíble! — Είναι απίστευτο!
[íne apístefto!]

No le creo.	**Δεν σας πιστεύω.**
	[ðen sas pistévo]
No puedo.	**Δεν μπορώ.**
	[ðen boró]
No lo sé.	**Δεν ξέρω.**
	[ðen kséro]
No le entiendo.	**Δεν σας καταλαβαίνω.**
	[ðen sas kataḷavéno]
Váyase, por favor.	**Παρακαλώ φύγετε.**
	[parakaḷó fíjete]
¡Déjeme en paz!	**Αφήστε με ήσυχη!**
	[afíste me ésixi!]

Es inaguantable.	**Δεν τον αντέχω.**
	[ðen ton adéxo]
¡Es un asqueroso!	**Είστε απαίσιος!**
	[íste apésios!]
¡Llamaré a la policía!	**Θα καλέσω την αστυνομία!**
	[θa kaléso tin astinomía!]

Compartir impresiones. Emociones

Me gusta.	**Μου αρέσει.** [mu arési]
Muy lindo.	**Πολύ ωραίο.** [polí oréo]
¡Es genial!	**Είναι θαυμάσιο!** [íne θavmásio!]
No está mal.	**Δεν είναι κακό.** [ðen íne kakó]

No me gusta.	**Δεν μου αρέσει.** [ðen mu arési]
No está bien.	**Δεν είναι καλό.** [ðen íne kaľó]
Está mal.	**Είναι κακό.** [íne kakó]
Está muy mal.	**Είναι πολύ κακό.** [íne polí kakó]
¡Qué asco!	**Είναι αηδιαστικό.** [íne aiðiastikó]

Estoy feliz.	**Είμαι χαρούμενος /χαρούμενη/.** [íme xarúmenos /xarúmeni/]
Estoy contento /contenta/.	**Είμαι ικανοποιημένος /ικανοποιημένη/.** [íme ikanopiménos /ikanopiméni/]
Estoy enamorado /enamorada/.	**Είμαι ερωτευμένος /ερωτευμένη/.** [íme erotevménos /erotevméni/]
Estoy tranquilo.	**Είμαι ήρεμος /ήρεμη/.** [íme íremos /íremi/]
Estoy aburrido.	**Βαριέμαι.** [variéme]

Estoy cansado /cansada/.	**Είμαι κουρασμένος /κουρασμένη/.** [íme kurazménos /kurazméni/]
Estoy triste.	**Είμαι στενοχωρημένος /στενοχωρημένη/.** [íme stenoxoriménos /stenoxoriméni/]
Estoy asustado.	**Φοβάμαι.** [fováme]
Estoy enfadado /enfadada/.	**Είμαι θυμωμένος /θυμωμένη/.** [íme θimoménos /θimoméni/]

Estoy preocupado /preocupada/.	**Ανησυχώ** [anesixó]
Estoy nervioso /nerviosa/.	**Είμαι νευρικός /νευρική/.** [íme nevrikós /nevrikí/]
Estoy celoso /celosa/.	**Ζηλεύω.** [zilévo]
Estoy sorprendido /sorprendida/.	**Εκπλήσσομαι.** [ekplísome]
Estoy perplejo /perpleja/.	**Νιώθω αμήχανα.** [nióθo amíxana]

Problemas, Accidentes

Tengo un problema.	Έχω ένα πρόβλημα. [éxo éna próvlima]
Tenemos un problema.	Έχουμε ένα πρόβλημα. [éxume éna próvlima]
Estoy perdido /perdida/.	Χάθηκα. [xáθika]
Perdí el último autobús (tren).	Έχασα το τελευταίο λεωφορείο (τρένο). [éxasa to teleftéo leoforío (tréno)]
No me queda más dinero.	Δεν έχω άλλα χρήματα. [ðen éxo ál¹a xrímata]
He perdido ...	Έχασα το ... μου [éxasa to ... mu]
Me han robado ...	Μου έκλεψαν το ... μου [mu éklepsan to ... mu]
mi pasaporte	διαβατήριο [ðiavatírio]
mi cartera	πορτοφόλι [portofóli]
mis papeles	χαρτιά [xartiá]
mi billete	εισιτήριο [isitírio]
mi dinero	χρήματα [xrímata]
mi bolso	τσάντα [tsánda]
mi cámara	κάμερα [kámera]
mi portátil	λάπτοπ [l¹áptop]
mi tableta	τάμπλετ [táblet]
mi teléfono	κινητό [kinitó]
¡Ayúdeme!	Βοηθήστε με! [voiθíste me!]
¿Qué pasó?	Τι συνέβη; [ti sinévi?]

el incendio	**φωτιά** [fotiá]
un tiroteo	**πυροβολισμός** [pirovolizmós]
el asesinato	**φόνος** [fónos]
una explosión	**έκρηξη** [ékriksi]
una pelea	**καυγάς** [kavγás]

¡Llame a la policía!	**Καλέστε την αστυνομία!** [kaléste tin astinomía!]
¡Más rápido, por favor!	**Παρακαλώ βιαστείτε!** [parakal'ó viastíte!]
Busco la comisaría.	**Ψάχνω να βρω ένα αστυνομικό τμήμα.** [psáxno na vro éna astinomikó tmíma]
Tengo que hacer una llamada.	**Πρέπει να τηλεφωνήσω.** [prépi na tilefoníso]
¿Puedo usar su teléfono?	**Θα μπορούσα να χρησιμοποιήσω το τηλέφωνό σας;** [θa borúsa na xresimopiéso to tiléfonó sas?]

Me han ...	**Με ...** [me ...]
asaltado /asaltada/	**έδειραν** [éðiran]
robado /robada/	**λήστεψαν** [lístepsan]
violada	**βίασαν** [víasan]
atacado /atacada/	**επιτέθηκαν** [epitéθikan]

¿Se encuentra bien?	**Είστε καλά;** [íste kal'á?]
¿Ha visto quien a sido?	**Είδατε ποιος ήταν;** [íðate pios itan?]
¿Sería capaz de reconocer a la persona?	**Μπορείτε να αναγνωρίσετε αυτό το άτομο;** [boríte na anaγnorísete aftó to átomo?]
¿Está usted seguro?	**Είστε σίγουρος;** [íste síγuros?]

Por favor, cálmese.	**Παρακαλώ ηρεμήστε.** [parakal'ó iremíste]
¡Cálmese!	**Με την ησυχία σας!** [me tin esixía sas!]

¡No se preocupe!	**Μην ανησυχείτε!** [min anisixíte!]
Todo irá bien.	**Όλα θα πάνε καλά.** [óḷa θa páne kaḷá]
Todo está bien.	**Όλα είναι εντάξει.** [óḷa íne edáksi]

Venga aquí, por favor.	**Ελάτε εδώ, παρακαλώ.** [eḷáte eδó, parakaḷó]
Tengo unas preguntas para usted.	**Έχω να σας κάνω μερικές ερωτήσεις.** [éxo na sas káno merikés erotísis]
Espere un momento, por favor.	**Περιμένετε ένα λεπτό, παρακαλώ.** [periménete éna leptó, parakaḷó]
¿Tiene un documento de identidad?	**Έχετε την ταυτότητα σας μαζί σας;** [éxete tin taftótita sas mazí sas?]
Gracias. Puede irse ahora.	**Ευχαριστώ. Μπορείτε να φύγετε.** [efxaristó. boríte na fíjete]
¡Manos detrás de la cabeza!	**Τα χέρια πίσω από το κεφάλι σας!** [ta xéria píso apó to kefáli sas!]
¡Está arrestado!	**Συλλαμβάνεστε!** [siḷamváneste!]

Problemas de salud

Ayudeme, por favor.	Παρακαλώ βοηθήστε με. [parakaló voiθíste me]
No me encuentro bien.	Δεν αισθάνομαι καλά. [ðen esθánome kal'á]
Mi marido no se encuentra bien.	Ο σύζυγός μου δεν αισθάνεται καλά. [o síziγós mu ðen esθánete kal'á]
Mi hijo ...	Ο γιός μου ... [o jiós mu ...]
Mi padre ...	Ο πατέρας μου ... [o patéras mu ...]
Mi mujer no se encuentra bien.	Η γυναίκα μου δεν αισθάνεται καλά. [i jinéka mu ðen esθánete kal'á]
Mi hija ...	Η κόρη μου ... [i kóri mu ...]
Mi madre ...	Η μητέρα μου ... [i mitéra mu ...]
Me duele ...	Μου πονάει ... [mu ponái ...]
la cabeza	το κεφάλι [to kefáli]
la garganta	ο λαιμός [o lemós]
el estómago	το στομάχι [to stomáxi]
un diente	το δόντι [to ðóndi]
Estoy mareado.	Ζαλίζομαι. [zalízome]
Él tiene fiebre.	Αυτός έχει πυρετό. [aftós éxi piretó]
Ella tiene fiebre.	Αυτή έχει πυρετό. [afté éxi piretó]
No puedo respirar.	Δεν μπορώ να αναπνεύσω. [ðen boró na anapnéfso]
Me ahogo.	Μου κόπηκε η αναπνοή. [mu kópike i anapnoí]
Tengo asma.	Έχω άσθμα. [éxo ásθma]
Tengo diabetes.	Είμαι διαβητικός. [íme ðiavetikós]

No puedo dormir.	Έχω αϋπνία. [éxo aipnía]
intoxicación alimentaria	τροφική δηλητηρίαση [trofikí ðilitiríasi]

Me duele aquí.	Πονάω εδώ. [ponáo eðó]
¡Ayúdeme!	Βοηθήστε με! [voiθíste me!]
¡Estoy aquí!	Εδώ είμαι! [eðó íme!]
¡Estamos aquí!	Εδώ είμαστε! [eðó ímaste!]
¡Saquenme de aquí!	Πάρτε με από δώ! [párte me apó ðó!]

Necesito un médico.	Χρειάζομαι ένα γιατρό. [xriázome éna jatró]
No me puedo mover.	Δεν μπορώ να κουνηθώ. [ðen boró na kuniθó]
No puedo mover mis piernas.	Δεν μπορώ να κουνήσω τα πόδια μου. [ðen boró na kuníso ta póðia mu]

Tengo una herida.	Είμαι τραυματισμένος /τραυματισμένη/. [íme travmatizménos /travmatizméni/]
¿Es grave?	Είναι σοβαρό; [íne sovaró?]
Mis documentos están en mi bolsillo.	Τα χαρτιά μου είναι μέσα στην τσέπη μου. [ta xartiá mu íne mésa stin tsépi mu]
¡Cálmese!	Ηρεμήστε! [iremíste!]
¿Puedo usar su teléfono?	Θα μπορούσα να χρησιμοποιήσω το τηλέφωνο σας; [θa borúsa na xresimopiéso to tiléfono sas?]

¡Llame a una ambulancia!	Καλέστε ένα ασθενοφόρο! [kaléste éna asθenofóro!]
¡Es urgente!	Είναι επείγον! [íne epíγon!]
¡Es una emergencia!	Είναι επείγον! [íne epíγon!]
¡Más rápido, por favor!	Παρακαλώ βιαστείτε! [parakalió viastíte!]
¿Puede llamar a un médico, por favor?	Φωνάζετε παρακαλώ έναν γιατρό; [fonázete parakalió énan jatró?]

¿Dónde está el hospital?	**Πού είναι το νοσοκομείο;** [pú íne to nosokomío?]
¿Cómo se siente?	**Πως αισθάνεστε;** [pos esθáneste?]
¿Se encuentra bien?	**Είστε καλά;** [íste kaǐá?]
¿Qué pasó?	**Τι έγινε;** [ti éǐine?]
Me encuentro mejor.	**Νοιώθω καλύτερα τώρα.** [nióθo kalítera tóra]
Está bien.	**Είναι εντάξει.** [íne endáksi]
Todo está bien.	**Όλα καλά.** [óǐa kaǐá]

En la farmacia

la farmacia	**φαρμακείο** [farmakío]
la farmacia 24 horas	**εφημερεύον φαρμακείο** [efmerévon farmakío]
¿Dónde está la farmacia más cercana?	**Πού είναι το πιο κοντινό φαρμακείο;** [pú íne to pio kondinó farmakío?]
¿Está abierta ahora?	**Είναι ανοιχτό αυτήν την ώρα;** [íne anixtó aftín tin óra?]
¿A qué hora abre?	**Τι ώρα ανοίγει;** [ti óra aníji?]
¿A qué hora cierra?	**Τι ώρα κλείνει;** [ti óra klíni?]
¿Está lejos?	**Είναι μακριά από εδώ;** [íne makriá apó eðó?]
¿Puedo llegar a pie?	**Μπορώ να πάω εκεί με τα πόδια;** [boró na páo ekí me ta pódia?]
¿Puede mostrarme en el mapa?	**Μπορείτε να μου δείξετε στο χάρτη;** [boríte na mu ðíksete sto xárti?]
Por favor, deme algo para ...	**Παρακαλώ δώστε μου κάτι για ...** [parakaló ðóste mu káti ja ...]
un dolor de cabeza	**πονοκέφαλο** [ponokéfalo]
la tos	**βήχα** [víxa]
el resfriado	**το κρυολόγημα** [to kriolójima]
la gripe	**γρίπη** [grípi]
la fiebre	**πυρετό** [piretó]
un dolor de estomago	**πόνο στο στομάχι** [póno sto stomáxi]
nauseas	**ναυτία** [naftía]
la diarrea	**διάρροια** [ðiária]
el estreñimiento	**δυσκοιλιότητα** [ðiskiliótita]
un dolor de espalda	**πόνο στην πλάτη** [póno stin pláti]

un dolor de pecho	πόνο στο στήθος [póno sto stíθos]
el flato	πόνο στα πλευρά [póno sta plevrá]
un dolor abdominal	πόνο στην κοιλιά [póno sten kiliá]

la píldora	χάπι [xápi]
la crema	αλοιφή, κρέμα [alifí, kréma]
el jarabe	σιρόπι [sirópi]
el spray	σπρέι [spréj]
las gotas	σταγόνες [staγónes]

Tiene que ir al hospital.	Πρέπει να πάτε στο νοσοκομείο. [prépi na páte sto nosokomío]
el seguro de salud	ιατροφαρμακευτική κάλυψη [jatrofarmakeftikí kálipsi]
la receta	συνταγή [sindají]
el repelente de insectos	εντομοαπωθητικό [endomoapoθitikó]
la curita	τσιρότο [tsiróto]

Lo más imprescindible

Perdone, …	**Συγνώμη, …** [siɣnómi, …]
Hola.	**Γεια σας.** [ja sas]
Gracias.	**Ευχαριστώ.** [efxaristó]

Sí.	**Ναι.** [ne]
No.	**Όχι.** [óxi]
No lo sé.	**Δεν ξέρω.** [ðen kséro]
¿Dónde?	¿A dónde?	¿Cuándo?	**Πού;	Προς τα πού;	Πότε;** [pú?	pros ta pú?	póte?]

Necesito …	**Χρειάζομαι …** [xriázome …]
Quiero …	**Θέλω …** [θéljo …]
¿Tiene …?	**Έχετε …;** [éxete …?]
¿Hay … por aquí?	**Μήπως υπάρχει … εδώ;** [mípos ipárxi … eðó?]
¿Puedo …?	**Θα μπορούσα να …;** [θa borúsa na …?]
…, por favor? (petición educada)	**…, παρακαλώ** […, parakaljó]

Busco …	**Ψάχνω για …** [psáxno ja …]
el servicio	**τουαλέτα** [tualéta]
un cajero automático	**ATM** [eitiém]
una farmacia	**φαρμακείο** [farmakío]
el hospital	**νοσοκομείο** [nosokomío]

la comisaría	**αστυνομικό τμήμα** [astinomikó tmíma]
el metro	**μετρό** [metró]

un taxi	**ταξί** [taksí]
la estación de tren	**σιδηροδρομικό σταθμό** [siðiroðromikó staθmó]

Me llamo ...	**Ονομάζομαι ...** [onomázome ...]
¿Cómo se llama?	**Πώς ονομάζεστε;** [pós onomázeste?]
¿Puede ayudarme, por favor?	**Μπορείτε παρακαλώ να με βοηθήσετε;** [boríte parakalió na me voiθísete?]
Tengo un problema.	**Έχω ένα πρόβλημα.** [éxo éna próvlima]
Me encuentro mal.	**Δεν αισθάνομαι καλά.** [ðen esθánome kaliá]
¡Llame a una ambulancia!	**Καλέστε ένα ασθενοφόρο!** [kaléste éna asθenofóro!]
¿Puedo llamar, por favor?	**Θα μπορούσα να κάνω ένα τηλέφωνο;** [θa borúsa na káno éna tiléfono?]

Lo siento.	**Συγνώμη.** [siχnómi]
De nada.	**Παρακαλώ!** [parakalió!]

Yo	**Εγώ, εμένα** [eχó, eména]
tú	**εσύ** [esí]
él	**αυτός** [aftós]
ella	**αυτή** [aftí]
ellos	**αυτοί** [aftí]
ellas	**αυτές** [aftés]
nosotros /nosotras/	**εμείς** [emís]
ustedes, vosotros	**εσείς** [esís]
usted	**εσείς** [esís]

ENTRADA	**ΕΙΣΟΔΟΣ** [ísoðos]
SALIDA	**ΕΞΟΔΟΣ** [éksoðos]

FUERA DE SERVICIO	**ΕΚΤΟΣ ΛΕΙΤΟΥΡΓΙΑΣ** [éktos liturjías]
CERRADO	**ΚΛΕΙΣΤΟ** [klísto]
ABIERTO	**ΑΝΟΙΚΤΟ** [aníkto]
PARA SEÑORAS	**ΓΥΝΑΙΚΩΝ** [jinekón]
PARA CABALLEROS	**ΑΝΔΡΩΝ** [ánðron]

MINI DICCIONARIO

Esta sección contiene 250
palabras útiles necesarias
para la comunicación diaria.
Encontrará ahí los nombres
de los meses y de los días
de la semana.
El diccionario también
contiene temas relevantes
tales como colores, medidas,
familia, y más

T&P Books Publishing

CONTENIDO
DEL DICCIONARIO

T&P Books Publishing

tiempo (m)	χρόνος (αρ.)	[xrónos]
hora (f)	ώρα (θηλ.)	[óra]
media hora (f)	μισή ώρα (θηλ.)	[misí óra]
minuto (m)	λεπτό (ουδ.)	[leptó]
segundo (m)	δευτερόλεπτο (ουδ.)	[ðefterólepto]

hoy (adv)	σήμερα	[símera]
mañana (adv)	αύριο	[ávrio]
ayer (adv)	χθες, χτες	[xθes], [xtes]

lunes (m)	Δευτέρα (θηλ.)	[ðeftéra]
martes (m)	Τρίτη (θηλ.)	[tríti]
miércoles (m)	Τετάρτη (θηλ.)	[tetárti]
jueves (m)	Πέμπτη (θηλ.)	[pémpti]
viernes (m)	Παρασκευή (θηλ.)	[paraskeví]
sábado (m)	Σάββατο (ουδ.)	[sávato]
domingo (m)	Κυριακή (θηλ.)	[kiriakí]

día (m)	μέρα, ημέρα (θηλ.)	[méra], [iméra]
día (m) de trabajo	εργάσιμη μέρα (θηλ.)	[eryásimi méra]
día (m) de fiesta	αργία (θηλ.)	[arjía]
fin (m) de semana	σαββατοκύριακο (ουδ.)	[savatokíriako]

semana (f)	εβδομάδα (θηλ.)	[evðomáða]
semana (f) pasada	την προηγούμενη εβδομάδα	[tin proiχúmeni evðomáða]
semana (f) que viene	την επόμενη εβδομάδα	[tin epómeni evðomáða]

| por la mañana | το πρωί | [to proí] |
| por la tarde | το απόγευμα | [to apójevma] |

| por la noche | το βράδυ | [to vráði] |
| esta noche (p.ej. 8:00 p.m.) | απόψε | [apópse] |

| por la noche | τη νύχτα | [ti níxta] |
| medianoche (f) | μεσάνυχτα (ουδ.πλ.) | [mesánixta] |

enero (m)	Ιανουάριος (αρ.)	[januários]
febrero (m)	Φεβρουάριος (αρ.)	[fevruários]
marzo (m)	Μάρτιος (αρ.)	[mártios]
abril (m)	Απρίλιος (αρ.)	[aprílios]
mayo (m)	Μάιος (αρ.)	[májos]
junio (m)	Ιούνιος (αρ.)	[iúnios]
julio (m)	Ιούλιος (αρ.)	[iúlios]

agosto (m)	Αύγουστος (αp.)	[ávγustos]
septiembre (m)	Σεπτέμβριος (αp.)	[septémvrios]
octubre (m)	Οκτώβριος (αp.)	[októvrios]
noviembre (m)	Νοέμβριος (αp.)	[noémvrios]
diciembre (m)	Δεκέμβριος (αp.)	[δekémvrios]
en primavera	την άνοιξη	[tin ániksi]
en verano	το καλοκαίρι	[to kalʲokéri]
en otoño	το φθινόπωρο	[to fθinóporo]
en invierno	το χειμώνα	[to ximóna]
mes (m)	μήνας (αp.)	[mínas]
estación (f)	εποχή (θηλ.)	[epoxí]
año (m)	χρόνος (αp.)	[xrónos]

2. Números. Los numerales

cero	μηδέν	[miδén]
uno	ένα	[éna]
dos	δύο	[δío]
tres	τρία	[tría]
cuatro	τέσσερα	[tésera]
cinco	πέντε	[pénde]
seis	έξι	[éksi]
siete	εφτά	[eftá]
ocho	οχτώ	[oxtó]
nueve	εννέα	[enéa]
diez	δέκα	[δéka]
once	ένδεκα	[énδeka]
doce	δώδεκα	[δóδeka]
trece	δεκατρία	[δekatría]
catorce	δεκατέσσερα	[δekatésera]
quince	δεκαπέντε	[δekapénde]
dieciséis	δεκαέξι	[δekaéksi]
diecisiete	δεκαεφτά	[δekaeftá]
dieciocho	δεκαοχτώ	[δekaoxtó]
diecinueve	δεκαεννέα	[δekaenéa]
veinte	είκοσι	[íkosi]
treinta	τριάντα	[triánda]
cuarenta	σαράντα	[saránda]
cincuenta	πενήντα	[penínda]
sesenta	εξήντα	[eksínda]
setenta	εβδομήντα	[evδomínda]
ochenta	ογδόντα	[oγδónda]
noventa	ενενήντα	[enenínda]

cien	εκατό	[ekató]
doscientos	διακόσια	[ðiakósia]
trescientos	τριακόσια	[triakósia]
cuatrocientos	τετρακόσια	[tetrakósia]
quinientos	πεντακόσια	[pendakósia]

seiscientos	εξακόσια	[eksakósia]
setecientos	εφτακόσια	[eftakósia]
ochocientos	οχτακόσια	[oxtakósia]
novecientos	εννιακόσια	[eniakósia]
mil	χίλια	[xília]

| diez mil | δέκα χιλιάδες | [ðéka xiliáðes] |
| cien mil | εκατό χιλιάδες | [ekató xiliáðes] |

| millón (m) | εκατομμύριο (ουδ.) | [ekatomírio] |
| mil millones | δισεκατομμύριο (ουδ.) | [ðisekatomírio] |

3. El ser humano. Los familiares

hombre (m) (varón)	άντρας, άνδρας (αρ.)	[ándras], [ánðras]
joven (m)	νεαρός (αρ.)	[nearós]
mujer (f)	γυναίκα (θηλ.)	[jinéka]
muchacha (f)	κοπέλα (θηλ.)	[kopélʲa]
anciano (m)	γέρος (αρ.)	[jéros]
anciana (f)	γριά (θηλ.)	[ɣriá]

madre (f)	μητέρα (θηλ.)	[mitéra]
padre (m)	πατέρας (αρ.)	[patéras]
hijo (m)	γιός (αρ.)	[jos]
hija (f)	κόρη (θηλ.)	[kóri]
hermano (m)	αδερφός (αρ.)	[aðerfós]
hermana (f)	αδερφή (θηλ.)	[aðerfí]

padres (pl)	γονείς (αρ.πλ.)	[ɣonís]
niño -a (m, f)	παιδί (ουδ.)	[peðí]
niños (pl)	παιδιά (ουδ.πλ.)	[peðiá]
madrastra (f)	μητριά (θηλ.)	[mitriá]
padrastro (m)	πατριός (αρ.)	[patriós]

abuela (f)	γιαγιά (θηλ.)	[jajá]
abuelo (m)	παπούς (αρ.)	[papús]
nieto (m)	εγγονός (αρ.)	[engonós]
nieta (f)	εγγονή (θηλ.)	[engoní]
nietos (pl)	εγγόνια (ουδ.πλ.)	[engónia]

tío (m)	θείος (αρ.)	[θíos]
tía (f)	θεία (θηλ.)	[θía]
sobrino (m)	ανιψιός (αρ.)	[anipsiós]
sobrina (f)	ανιψιά (θηλ.)	[anipsiá]

mujer (f)	γυναίκα (θηλ.)	[jinéka]
marido (m)	άνδρας (αρ.)	[ánðras]
casado (adj)	παντρεμένος	[pandreménos]
casada (adj)	παντρεμένη	[pandreméni]
viuda (f)	χήρα (θηλ.)	[xíra]
viudo (m)	χήρος (αρ.)	[xíros]

| nombre (m) | όνομα (ουδ.) | [ónoma] |
| apellido (m) | επώνυμο (ουδ.) | [epónimo] |

pariente (m)	συγγενής (αρ.)	[singenís]
amigo (m)	φίλος (αρ.)	[fílʲos]
amistad (f)	φιλία (θηλ.)	[filía]

compañero (m)	συνέταιρος (αρ.)	[sinéteros]
superior (m)	προϊστάμενος (αρ.)	[projstámenos]
colega (m, f)	συνεργάτης (αρ.)	[sineryátis]
vecinos (pl)	γείτονες (αρ.πλ.)	[jítones]

4. El cuerpo. La anatomía humana

cuerpo (m)	σώμα (ουδ.)	[sóma]
corazón (m)	καρδιά (θηλ.)	[karðiá]
sangre (f)	αίμα (ουδ.)	[éma]
cerebro (m)	εγκέφαλος (αρ.)	[engéfalʲos]

hueso (m)	οστό (ουδ.)	[ostó]
columna (f) vertebral	σπονδυλική στήλη (θηλ.)	[sponðilikí stíli]
costilla (f)	πλευρό (ουδ.)	[plevró]
pulmones (m pl)	πνεύμονες (αρ.πλ.)	[pnévmones]
piel (f)	δέρμα (ουδ.)	[ðérma]

cabeza (f)	κεφάλι (ουδ.)	[kefáli]
cara (f)	πρόσωπο (ουδ.)	[prósopo]
nariz (f)	μύτη (θηλ.)	[míti]
frente (f)	μέτωπο (ουδ.)	[métopo]
mejilla (f)	μάγουλο (ουδ.)	[máyulʲo]

boca (f)	στόμα (ουδ.)	[stóma]
lengua (f)	γλώσσα (θηλ.)	[ɣlʲósa]
diente (m)	δόντι (ουδ.)	[ðóndi]
labios (m pl)	χείλη (ουδ.πλ.)	[xíli]
mentón (m)	πηγούνι (ουδ.)	[piɣúni]

oreja (f)	αυτί (ουδ.)	[aftí]
cuello (m)	αυχένας , σβέρκος (αρ.)	[afxénas], [svérkos]
ojo (m)	μάτι (ουδ.)	[máti]
pupila (f)	κόρη (θηλ.)	[kóri]
ceja (f)	φρύδι (ουδ.)	[fríði]
pestaña (f)	βλεφαρίδα (θηλ.)	[vlefaríða]

pelo, cabello (m)	μαλλιά (ουδ.πλ.)	[maliá]
peinado (m)	χτένισμα (ουδ.)	[xténizma]
bigote (m)	μουστάκι (ουδ.)	[mustáki]
barba (f)	μούσι (ουδ.)	[músi]
tener (~ la barba)	φορώ	[foró]
calvo (adj)	φαλακρός	[falʲakrós]

mano (f)	χέρι (ουδ.)	[xéri]
brazo (m)	χέρι (ουδ.)	[xéri]
dedo (m)	δάχτυλο (ουδ.)	[ðáxtilʲo]
uña (f)	νύχι (ουδ.)	[níxi]
palma (f)	παλάμη (θηλ.)	[palʲámi]

hombro (m)	ώμος (αρ.)	[ómos]
pierna (f)	πόδι (ουδ.)	[póði]
rodilla (f)	γόνατο (ουδ.)	[ɣónato]
talón (m)	φτέρνα (θηλ.)	[ftérna]
espalda (f)	πλάτη (θηλ.)	[plʲáti]

5. La ropa. Accesorios personales

ropa (f)	ενδύματα (ουδ.πλ.)	[enðímata]
abrigo (m)	παλτό (ουδ.)	[palʲtó]
abrigo (m) de piel	γούνα (θηλ.)	[ɣúna]
cazadora (f)	μπουφάν (ουδ.)	[bufán]
impermeable (m)	αδιάβροχο (ουδ.)	[aðiávroxo]

camisa (f)	πουκάμισο (ουδ.)	[pukámiso]
pantalones (m pl)	παντελόνι (ουδ.)	[pandelʲóni]
chaqueta (f), saco (m)	σακάκι (ουδ.)	[sakáki]
traje (m)	κοστούμι (ουδ.)	[kostúmi]

vestido (m)	φόρεμα (ουδ.)	[fórema]
falda (f)	φούστα (θηλ.)	[fústa]
camiseta (f) (T-shirt)	μπλουζάκι (ουδ.)	[blʲuzáki]
bata (f) de baño	μπουρνούζι (ουδ.)	[burnúzi]
pijama (m)	πιτζάμα (θηλ.)	[pidzáma]
ropa (f) de trabajo	τα ρούχα της δουλειάς (ουδ.πλ.)	[ta rúxa tis ðuliás]

ropa (f) interior	εσώρουχα (ουδ.πλ.)	[esóruxa]
calcetines (m pl)	κάλτσες (θηλ.πλ.)	[kálʲtses]
sostén (m)	σουτιέν (ουδ.)	[sutién]
pantimedias (f pl)	καλτσόν (ουδ.)	[kalʲtsón]
medias (f pl)	κάλτσες (θηλ.πλ.)	[kálʲtses]
traje (m) de baño	μαγιό (ουδ.)	[maʝió]

gorro (m)	καπέλο (ουδ.)	[kapélʲo]
calzado (m)	υποδήματα (ουδ.πλ.)	[ipoðímata]
botas (f pl) altas	μπότες (θηλ.πλ.)	[bótes]

tacón (m)	τακούνι (ουδ.)	[takúni]
cordón (m)	κορδόνι (ουδ.)	[korðóni]
betún (m)	κρέμα παπουτσιών (θηλ.)	[kréma paputsión]

guantes (m pl)	γάντια (ουδ.πλ.)	[ɣándia]
bufanda (f)	κασκόλ (ουδ.)	[kaskólʲ]
gafas (f pl)	γυαλιά (ουδ.πλ.)	[jaliá]
paraguas (m)	ομπρέλα (θηλ.)	[ombrélʲa]

corbata (f)	γραβάτα (θηλ.)	[ɣraváta]
moquero (m)	μαντήλι (ουδ.)	[mandíli]
peine (m)	χτένα (θηλ.)	[xténa]
cepillo (m) de pelo	βούρτσα (θηλ.)	[vúrtsa]

hebilla (f)	πόρπη (θηλ.)	[pórpi]
cinturón (m)	ζώνη (θηλ.)	[zóni]
bolso (m)	τσάντα (θηλ.)	[tsánda]

6. La casa. El apartamento

apartamento (m)	διαμέρισμα (ουδ.)	[ðiamérizma]
habitación (f)	δωμάτιο (ουδ.)	[ðomátio]
dormitorio (m)	υπνοδωμάτιο (ουδ.)	[ipnoðomátio]
comedor (m)	τραπεζαρία (θηλ.)	[trapezaría]

salón (m)	σαλόνι (ουδ.)	[salʲóni]
despacho (m)	γραφείο (ουδ.)	[ɣrafío]
antecámara (f)	χωλ (ουδ.)	[xolʲ]
cuarto (m) de baño	μπάνιο (ουδ.)	[bánio]
servicio (m)	τουαλέτα (θηλ.)	[tualéta]

aspirador (m), aspiradora (f)	ηλεκτρική σκούπα (θηλ.)	[ilektrikí skúpa]
fregona (f)	σφουγγαρίστρα (θηλ.)	[sfungarístra]
trapo (m)	πατσαβούρα (θηλ.)	[patsavúra]
escoba (f)	μικρή σκούπα (θηλ.)	[mikrí skúpa]
cogedor (m)	φαράσι (ουδ.)	[farási]

muebles (m pl)	έπιπλα (ουδ.πλ.)	[épiplʲa]
mesa (f)	τραπέζι (ουδ.)	[trapézi]
silla (f)	καρέκλα (θηλ.)	[karéklʲa]
sillón (m)	πολυθρόνα (θηλ.)	[poliθróna]

espejo (m)	καθρέφτης (αρ.)	[kaθréftis]
tapiz (m)	χαλί (ουδ.)	[xalí]
chimenea (f)	τζάκι (ουδ.)	[dzáki]
cortinas (f pl)	κουρτίνες (θηλ.πλ.)	[kurtínes]
lámpara (f) de mesa	επιτραπέζιο φωτιστικό (ουδ.)	[epitrapézio fotistikó]
lámpara (f) de araña	πολυέλαιος (αρ.)	[poliéleos]
cocina (f)	κουζίνα (θηλ.)	[kuzína]

cocina (f) de gas	κουζίνα με γκάζι (θηλ.)	[kuzína me gázi]
cocina (f) eléctrica	ηλεκτρική κουζίνα (θηλ.)	[ilektrikí kuzína]
horno (m) microondas	φούρνος μικροκυμάτων (αρ.)	[fúrnos mikrokimáton]

frigorífico (m)	ψυγείο (ουδ.)	[psijío]
congelador (m)	καταψύκτης (αρ.)	[katapsíktis]
lavavajillas (m)	πλυντήριο πιάτων (ουδ.)	[plindírio piáton]
grifo (m)	βρύση (ουδ.)	[vrísi]

picadora (f) de carne	κρεατομηχανή (θηλ.)	[kreatomixaní]
exprimidor (m)	αποχυμωτής (αρ.)	[apoximotís]
tostador (m)	φρυγανιέρα (θηλ.)	[friɣaniéra]
batidora (f)	μίξερ (ουδ.)	[míkser]

cafetera (f) (aparato de cocina)	καφετιέρα (θηλ.)	[kafetiéra]
hervidor (m) de agua	βραστήρας (αρ.)	[vrastíras]
tetera (f)	τσαγιέρα (θηλ.)	[tsajéra]

televisor (m)	τηλεόραση (θηλ.)	[tileórasi]
vídeo (m)	συσκευή βίντεο (θηλ.)	[siskeví vídeo]
plancha (f)	σίδερο (ουδ.)	[síðero]
teléfono (m)	τηλέφωνο (ουδ.)	[tiléfono]